DE LA RÉGENCE

EN FRANCE,

SON PASSÉ ET SON AVENIR.

La souveraineté du peuple ne peut être représentée, par la même raison qu'elle ne peut être aliénée ; elle consiste essentiellement dans la volonté générale, et la volonté générale ne se représente point : elle est la même, ou elle est autre ; il n'y a point de milieu. Les députés du peuple ne sont donc ni ne peuvent être ses représentants, ils ne sont que ses commissaires ; ils ne peuvent rien conclure définitivement. Toute loi que le peuple en personne n'a pas ratifiée est nulle ; ce n'est point une loi.

Contrat Social, édition des frères Baudouin, p. 154.

Régence !... Régence !... est-ce le tocsin qui sonne ! Ne semble-t-il pas qu'un cri terrible a dénoncé l'incendie ? Pourtant tout est calme... Mais si au milieu d'un arsenal immense, on a seulement vu jaillir une étincelle, faudra-t-il attendre l'explosion ?

Quelque éloigné ou incertain que soit un évènement grave, il suffit que de sages prévisions en aient reconnu la possibilité, pour se hâter de le détourner.

Depuis la mort du prince royal, chacun parle de régence. Il y a dans ce mot là sinistre attraction qui devant le péril général, réunit tous les partis. Nous ne prétendons pas en appeler à une situation imaginaire ; encore moins nier ce qu'il y a de critique dans le moment présent. Se montrer indifférent aux évènements peut-être près de s'accomplir, serait une menteuse impassibilité : quel homme, en voyant la patrie souffrante, pourrait cacher une pensée salutaire peut-être ?......

Tous les citoyens, dans une circonstance solennelle comme celle-ci, peuvent céder aux impressions de leur cœur, et soumettre leur conviction intime à l'examen public. La loi ne veut pas qu'on se rende au *forum* pour y discuter les affaires de l'État ; mais elle a donné une plus vaste enceinte à la pensée, en lui accordant la liberté de la presse.

Nous ne sommes ni rhéteur, ni professeur de droit public ; nous ne venons pas, comme ceux que nous pourrions citer, imposer dogmatiquement nos aphorismes de législation gouvernementale. Dominé par les préoccupations d'une idée absolue, nous ne croirons pas que les intentions les meilleures ou les plus pures, peuvent suppléer à la science acquise. Nous apportons humblement aux hommes habiles et expérimentés le tribut de nos réflexions naïves, sans même chercher à déguiser notre accent populaire. Quel que soit celui dont nous reconnaîtrons le savoir supérieur, lorsqu'il daignera juger nos élucubrations, nous reconnaîtrons son jugement équitable. Nous irons jusqu'à croire qu'il nous adresse une flatterie, s'il s'écrie en nous lisant :

Le bon sens du maraud quelquefois m'épouvante.

Nous croyons ridicule et dangereux que, dans toutes les circonstances, chacun s'érige en conseiller d'état. Mais il ne s'agit pas en ce moment de paroles oiseuses et inopportunes. Une idée lumineuse peut jaillir du cerveau le plus inculte, pourquoi la dédaigner ? En présence de ces prud'hommes qu'on appelle nos législateurs, est

DE LA RÉGENCE

EN FRANCE.

IMPRIMERIE DE F. LOCQUIN,
Rue N.-D. des Victoires, 16.

DE LA RÉGENCE

EN FRANCE,

SON PASSÉ ET SON AVENIR;

PAR J. G. HUMAN.

PRIX 1 FRANC.

PARIS

CHEZ DUSILLION, ÉDITEUR,

RUE LAFFITE, 40.

1842.

ce un crime de se demander ce qu'ils savaient la veille de leur avènement à la tribune? S'il y a du *Solon* et du *Lycurgue* dans toutes les têtes de la nation, c'est un fait bien louangeur pour chaque Français. Nous revendiquons seulement ici l'intention patriotique qui a dicté cet écrit.

Toutes les destinées du pays peuvent dépendre d'une régence, et nos chartes sont muettes sur ce sujet! Les lois du passé demeurent abrogées par le seul fait de leur incompatibilité avec celles de la France nouvelle. La constitution de 1791, les sénatus-consultes en date du 28 floréal an XII et du 5 février 1813, en parlant de la régence, ne nous offrent cependant qu'un texte complètement inutile. La régence est en un mot une question absolument nouvelle, d'après nos institutions.

A peine les publicistes ont-ils commencé à s'exercer sur un sujet si éminemment sérieux, que toutes les idées déjà énoncées offrent une effroyable confusion! On ignore encore les véritables éléments de la loi future, et la controverse surgit de toutes parts! Mais sur quoi donc la controverse prétend-elle s'exercer? En lisant les divers écrits insérés chaque jour dans les feuilles publiques, que trouve-t-on? Une polémique ténébreuse qui combat une chose encore à naître; mais pas une seule proposition franche, explicite, qui puisse servir à la solution du grand et difficile problème de la régence.

Les discours abondent, et l'on cherche vainement ceux qui apportent un bon et sage conseil, au lieu de cette dialectique sans fin d'une stupide avocasserie. Cette funeste tendance, pour discuter éternellement et ne rien conclure, a toujours été parmi nous l'une des plus formidables entraves jetées au milieu des affaires importantes.

Nous croyons être utile au public en présentant le tableau abrégé de tout ce qu'on dit à cette heure sur la *Ré-gence*. Nous ferons ressortir, le plus clairement possible, les diverses opinions manifestées à ce sujet, bien qu'il soit malaisé de les soumettre à l'analyse. Quant à ce triste ergotisme qui dégrade les choses les plus élevées, nous dirons de cet art misérable, ainsi que de la vieille Sorbonne : il y a là cinquante ans qu'on dispute ! eh bien, qu'a-t-on décidé ?

Si nous reproduisons tous les discours qui s'éparpillent chaque jour, dans un sens si opposé, c'est afin que le premier venu y rencontre peut-être une bonne idée. Nous exprimerons, après toutes choses, notre sentiment particulier, notre vote personnel en un mot. Si chacun agissait comme nous, on fournirait à nos mandataires le moyen le plus direct de comprendre le vœu national sur une question qui ne doit pas rester ensevelie au milieu d'une stérile phraséologie.

Avant tout, jetons un coup d'œil sur le passé pour qu'il soit démontré jusqu'à l'évidence qu'une loi sur la régence, absolument nouvelle dans son essence, ne saurait trouver nulle part aucune analogie, s'il s'agit de l'ajouter à notre charte.

En compulsant l'histoire de France, on trouve un assez grand nombre de régences depuis Louis IX jusqu'à Louis XV.

Si l'on veut remonter à la première race, on voit qu'il n'y avait alors aucune trace de législation. La régence était soumise à une sorte de coutume qui attribuait à la mère du jeune roi, ou à son aïeule, et la tutelle et la régence. L'usurpation venait souvent arracher une dignité que rien ne protégeait.

Sous la seconde race apparut ce principe de la régence, s'établissant selon l'ordre de succession au trône. A partir de cette époque, les régences furent le sujet de modifications arbitraires, et donnèrent lieu à tous les genres de violations.

Les régences ont presque constamment été marquées par les événements les plus funestes. Afin d'absoudre les régences, mais les considérant abstractivement, on a imputé les malheurs de ces époques uniquement à la forme des gouvernements. Cherchez, a-t-on dit, dans l'histoire une constitution analogue à la nôtre, et alors les rapprochements seront possibles pour les déductions qu'on veut en tirer. En conséquence de cette proposition, l'histoire d'Angleterre est celle qui offre des régences glorieuses et paisibles.

Quant à ce dernier point, on comprendra la véritable absurdité de l'exemple choisi, puisque pour juger les régences en général, on ne veut comparer que des choses analogues. Or, rien de plus dissemblable que les constitutions de la France et de l'Angleterre. Enfin, si l'on doit attribuer la funeste influence des régences à la forme du gouvernement, selon les diverses époques, on reconnaît donc que les lois ayant certainement toujours été modifiées ou changées à cet égard, aucune n'a pu conjurer les malheurs survenus pendant la minorité de nos rois. Nous citerons les faits : leur désespérante évidence suffit.

1226. Louis IX. Saint Louis monte sur le trône à douze ans, la reine Blanche prend la qualité de régente. Toute la minorité du roi est occupée à soumettre les barons et les princes ligués. Le comte de Champagne arme contre la reine. La minorité finit à vingt-un ans.

1316. Philippe *le long*, régent du royaume de Navarre pendant la minorité de Jeanne de Navarre, sa nièce. Troubles dans tout le royaume, prétentions de Eudes de

Bourgogne, oncle de Jeanne. Philippe le long est obligé, pour apaiser tous les mécontents, de leur abandonner différentes parties du royaume. Ainsi il donne à Eudes de Bourgogne Jeanne de France, sa fille aînée, en mariage, et en dot le comté de Bourgogne : c'est par là qu'Eudes devint possesseur des deux Bourgognes.

1381. Charles VI monte sur le trône à douze ans et neuf mois. Les ducs d'Anjou, de Berry, de Bourgogne et de Bourbon, oncles du roi, se disputent la régence. Le duc d'Anjou l'emporte. Il révolte les peuples par ses exactions.

1391. Régence exercée par les ducs de Bourgogne et de Berry pendant la démence de Charles VI. Le duc d'Orléans ayant été exclu de la régence, c'est de cette époque que date l'animosité des maisons de Bourgogne et d'Orléans.

Continuation du schisme survenu à cause des papes *Clément* et *Urbain* : la France étant pour *Clément* et l'Angleterre pour *Urbain*.

1404. Le duc de Bourgogne (Philippe le hardi) meurt à Hall. Jean sans peur, son fils, lui succède et se rend maître de la régence, comme son père, à l'exclusion du duc d'Orléans et de la reine. Le duc d'Orléans est obligé de quitter Paris. Réconciliation feinte entre les ducs de Bourgogne et d'Orléans.

1407. Le duc d'Orléans est assassiné rue Barbette (23 novembre), par ordre du duc de Bourgogne.

1408. Cet assassinat n'est pas vengé. Jean se contente de se justifier. Les deux maisons de Bourgogne et d'Orléans paraissent se réconcilier à Chartres. Valentine de Milan, veuve du duc d'Orléans, meurt de douleur de voir la mort de son mari impunie.

1415. Isabelle de Bavière, femme de Charles VI, se lie

avec le duc de Bourgogne, l'assassin de son amant et l'ennemi de son mari et de son fils Charles III, dauphin ; elle livre Tours et Paris, et force le dauphin à se retirer à Poitiers, où il prend la qualité de *régent du royaume*, et transfère le parlement.

1422. Henri V, après s'être ligué avec le duc de Bourgogne, s'empare de la Normandie. A sa mort, qui eut lieu à Vincennes, il laisse la *régence* de la France au duc de Bethfort.

1483. Charles VIII, fils de Louis XI, monte sur le trône à treize ans et deux mois. Anne de France, sa sœur, a le gouvernement de la personne du roi, selon le vœu de Louis XI.

1484. Ce gouvernement lui est conféré par les états généraux assemblés à Tours. Ils lui nomment un conseil de dix personnes, où les ducs d'Orléans et de Bourgogne présidaient tour à tour, sans qu'il y eût de régent en France.

1485. Rupture entre Anne et le duc d'Orléans, qui se retire en Bretagne.

1486. Guerre avec la Bretagne, suscitée par le duc d'Orléans.

1488. Bataille de Saint-Aubin, où le duc d'Orléans est fait prisonnier.

1559. François II monte sur le trône à seize ans.

Le duc de Guise et le cardinal de Lorraine, oncles du roi par sa femme, s'emparent du gouvernement.

1560. Conjuration d'Amboise, dont le prince de Condé passe pour le chef.

1560. Charles IX, frère de François II, monte sur le trône à onze ans. Etats généraux. Dispute pour la *régence* entre Catherine de Médicis et Antoine de Bourbon, roi de Navarre. La reine est *régente* et Antoine de Bourbon lieutenant général du royaume. Triumvirat formé par le duc de Guise, le connétable de Montmorency et le maréchal de Saint-André.

1562. Edit de janvier en faveur des protestants, première guerre civile occasionnée par les massacres de Vassi. Le prince de Condé surprend Orléans. Les huguenots s'emparent de plusieurs villes, entre autres de Rouen. Le roi de Navarre est tué au siège d'Orléans. Bataille de Dreux, où sont faits prisonniers les généraux des deux armées : le prince de Condé et le connétable.

1563. François, duc de Guise, assassiné devant Orléans. Première paix dite d'Orléans. Charles IX est déclaré majeur à treize ans et un jour, au parlement de Rouen.

1585. Deuxième guerre civile occasionnée par les levées que la *régente* avait faites, sous prétexte de se mettre en défense contre le duc d'Albe.

1610. Louis XIII, fils aîné d'Henri IV, monte sur le trône. Arrêt du parlement qui déclare la reine Marie de Médicis *régente* du royaume. Cette princesse réunit la tutelle et la régence.

Troubles suscités par le duc de Rohan, chef des huguenots. Ces troubles commencés sous la régence, et qui en sont la conséquence immédiate, se prolongent jusqu'en 1617, époque où la régente est reléguée à Blois.

1643. Louis XIV, âgé de quatre ans et demi, monte sur le trône.

Arrêt du parlement du 18 mai, prononcé au lit de justice par le chancelier, qui défère à la reine, sans restriction, la régence et la tutelle. Le cardinal de Mazarin est nommé surintendant de l'éducation du roi.

Guerres continuelles et désastreuses jusqu'en 1648, où arrive la fameuse journée des barricades.

1649. Le roi et la reine se sauvent à Saint-Germain. Le prince de Condé prend Charenton. Première paix. Le roi revient à Paris. La Provence et la Guyenne se soulèvent. Les ennemis prennent Ypres et Saint-Venant.

1650. Le roi et la reine parcourent la Normandie, la Bourgogne et la Guyenne pour apaiser ces provinces.

1651. Déclaration de la majorité du roi.

1715. Louis XV, arrière petit-fils de Louis XIV, lui succède. Arrêt du parlement qui déclare le duc d'Orléans régent du royaume, et le duc du Maine surintendant de l'éducation du roi.

Etablissement de sept conseils : 1° de régence ; 2° de conscience ; 3° de guerre ; 4° des finances ; 5° de la marine ; 6° des affaires étrangères ; 7° des affaires de l'intérieur.

1716. Banque de Law, et suites funestes de cette conception.

1719. L'abbé Dubois gouverne la France avec toute l'autorité du régent dont il avait été le précepteur.

1723. Louis XV est déclaré majeur.

Les Pays-Bas ont offert dans leur histoire un assez grand nombre de régences. Nous ne citerons qu'un seul exemple. Il nous eût été facile de suivre par ordre de date la série de tous les faits relatifs aux régences. On comprend que les bornes de cet écrit ne nous permettent pas de si grands développements. Nous avons pris les régences de France, à partir de 1226. La citation suivante se rapporte à la même époque.

1296. Jean 1ᵉʳ, dix-septième comte de Hollande, âgé de quinze ans.

La nomination du régent partageait les opinions. Wulfert de Borselen était à la tête de la faction qui favorisait l'Angleterre ; il prétendait à l'élection.

Théodoric, comte de Clèves, balançait son crédit. Jean d'Avesnes, comte de Hainaut, avait également un parti, étant le plus proche parent de Jean Ier.

Théodoric, comte de Clèves, malgré les oppositions des communes, s'était emparé du gouvernement de la Nord-Hollande, et Guy de Hainaut se maintenait, au nom de son frère, dans la Sud-Hollande. Le premier résidait à la Haye, et le second à Gertrudenbug. Ce partage d'autorité, indépendamment des frais immenses qu'il fit supporter au trésor, devint la source de troubles incessamment renouvelés.

L'éloquence des faits nous dispense de toutes réflexions. Maintenant rappellerons-nous les diverses législations invoquées en faveur des régences?... Eh! bien, l'on voit que les règlements sont constamment subordonnés à l'intérêt particulier; que, dans tous les cas, ils n'ont jamais servi de garanties à personne.

Si l'on veut rechercher les lois ou les règlements en suivant un ordre chronologique, on ne peut arriver à aucune solution. Il est impossible, d'après cela, de justifier l'aberration réelle de ceux qui prétendent invoquer les lois de la régence, l'histoire ne nous offrant sur ce sujet qu'un composé inextricable.

Nous n'avons rien dit des différentes régences appartenant à l'histoire d'Angleterre. On a présenté les époques de minorité et de régence, comme les plus fortes et les plus glorieuses pour la grande Bretagne.

Ainsi qu'il suit de nos remarques précédentes, il y a une complète déraison à opposer les régences d'Angleterre à celles de France. Le droit public anglais ne présente avec le nôtre aucune espèce d'analogie. Quant au calme prétendu dont on parle en faveur des régences anglaises, il suffira de rappeler celle de Marguerite, fille de Henri VIII. On sait que cette reine donna lieu, par son mariage avec Douglas, comte d'Angus, à la nomination d'un nouveau régent : ce fut le duc d'Albany qui, né en France, y avait toujours demeuré. Son gouvernement fut marqué par les troubles les plus sérieux.

Nous venons de montrer, l'histoire à la main, qu'elle était inaccessible de toutes parts dans ses précédents sur la régence. Ce serait une monstrueuse conception que celle d'associer au code de 1842 les principes d'un droit public encore empreint d'une repoussante barbarie.

La loi de 1791, et les sénatus-consultes du 28 floréal an XII et du 5 février 1813, restent sans applications possibles à la situation actuelle. Il faut donc créer un moyen, c'est à dire faire une loi nouvelle ; mais quel aréopage va donc la donner ? Nous le verrons bientôt.

Au moment où la nomination d'un régent va peut-être décider des destinées de la France, il serait naturel d'examiner d'abord la politique des divers partis que nous comptons parmi nous. Cependant, pour tout ce qui nous reste à dire, nous admettrons que l'opinion nationale est une : car autrement il faudrait présenter la grande question qui va s'agiter, sous trois aspects différents.

Notre plan ne nous permet pas de nous imposer cette complication. Le mot de régence retentit dans toute la France : voyons ce que dit le pays.

La Régence peut être déterminée par une loi transitoire, ou une loi organique. Quelle est ensuite la nature du pouvoir destiné à nous donner cette loi ? Nous ne savons s'il y a de notre part illusion ; mais il nous semble que l'ame de la question est là.

Que disent ceux qui préconisent la loi transitoire ? On peut réduire à une seule proposition générale, les avantages qu'ils lui accordent. Cette loi serait comme ces talismans , destinés à sauver d'un danger particulier et prévu.

Le *Journal des Débats*, un des fauteurs de la loi spéciale, s'exprime ainsi à ce sujet :

« Il ne s'agit pas de philosopher, il s'agit de gouver-
« ner. Eh! quoi, l'expérience ne nous a-t-elle pas appris
« à nous défier de ces lois générales qui, avec la préten-
« tion de tout régler et de prévoir les cas les plus ex-
« traordinaires, oublient souvent les cas les plus simples.
« N'est-on pas sans cesse obligé de les faire plier , ces
« lois absolues, si fières de leur inflexibilité , pour les ac-
« commoder au fait? Enchaîne-t-on l'avenir? Tant d'é-
« preuves ne nous ont-elles pas assez fait voir combien
« la sagesse humaine est courte, surtout lorsqu'elle est
« livrée à ses propres spéculations, et que la nécessité de
« pourvoir à un mal qui se fait sentir, à un danger qui
« menace, ne l'éclaire pas? C'est sous l'empire du fait ,
« sous la nécessité présente de résoudre une question qui
« palpite , que se font les bonnes lois. Nous avons trop
» abusé de la philosophie politique; réduisons-nous à me-
« ner d'une main ferme les affaires de notre pays. Il serait
« commode sans doute d'avoir d'avance un article de loi à
« opposer à tous les accidents, à tous les malheurs, à tous
« les coups dont il plairait à la Providence d'affliger les
« peuples! Avec une législation si parfaite, on n'avait
« plus besoin de cette prudence journalière qui est le gé-
« nie des hommes d'état et la gloire des peuples civilisés :
« on serait libre sans courage! Les institutions seraient
« tout, et l'homme rien, c'est impossible. Si la loi que
« nous allons faire n'est pas bonne , dans cinquante ans
« on en fera une autre. Il suffit qu'elle soit bonne au-
« jourd'hui. Le cas que nous avons à régler est déjà assez

« grave , sans y ajouter tous les cas que l'imagination
« peut prévoir. A quel âge sera fixée la majorité du roi?
« A qui la régence sera-t elle dévolue, de sa mère ou des
« princes ses oncles? Résolvons ces questions pour nous,
« et laissons à l'avenir le soin de résoudre les siennes. »

Nous avons choisi ce texte , parce qu'il nous a paru
indiquer formellement ce que l'on doit entendre par une
loi transitoire. La question de la régence comprend tant
d'autres questions incidentes, que si l'on aborde une
seule de celles-ci , on perd bientôt de vue le sujet capital
de la discussion, et l'on n'a plus rien pour rallier ses idées.

Lorsque nous exposerons tout ce qui a été dit en faveur de la loi organique, le parallèle s'établira nécessairement entre les deux opinions opposées qui divisent
nos publicites. Les personnes les moins familières avec
ce qu'on appelle *la politique* , auront enfin des idécs
claires et précises, autrement l'intelligence trouve un
abyme que l'incommensurable logique de la presse a ou-
vert devant chacun de ses lecteurs.

Nous ajouterons fort peu de chose sur le projet d'une
loi spéciale. Elle serait , dit-on, essentiellement tutélaire,
en faisant cesser soudainement tous les embarras du
moment présent. Mais c'est précisément ce qui n'aurait
pas lieu. Les grands maux traités par les palliatifs, re-
çoivent de tristes remèdes. On n'impose pas à toute une
nation, qui demande une inviolable garantie contre les
révolutions. Eh quoi ! on rédigerait une loi sur la régence,
comme on fait une ordonnance de police , et l'on dirait
sans doute ironiquement aux citoyens : Allez, dormez en
paix , vous avez un régent.

Tant qu'une loi n'est pas inscrite à la charte, ce grand
contrat de la nation, on a le droit de s'informer de sa
destinée de chaque jour. Une loi transitoire est pour la

législation, ce que sont en finances des valeurs illusoires proposées pour combler un déficit. La France ne peut pas traiter de sa tranquillité, comme on le fait d'un intérêt purement matériel et précaire. Cela posé, ceux qui demandent une loi oragnique s'appuyent sur des arguments, qu'on peut ramener aux considérations suivantes.

La régence n'offre pas seulement un intérêt du moment. C'est la consolidation d'un principe qui doit être invariable comme celui qui dicte les chartes. L'ancienne monarchie n'avait point de droit public sur la régence ; car on ne peut appeler ainsi des traditions obscures dont on se servait dans le sens le plus opposé, et qui, dans tous les cas, étaient un éternel sujet de révoltes. On a vu, au commencement de cet écrit, ce qu'était la France pendant la minorité de ses rois.

L'existence constitutionnelle d'un pays doit avoir pour supports, des règles invariables, et auxquelles les hommes et le temps ne puissent porter aucune atteinte. Les révolutions ressemblent à l'eau qui cherche toujours son niveau : il faut condamner à jamais la moindre issue qui pourrait leur donner entrée.

L'assemblée constituante avait compris la nécessité d'une loi générale qui attestait sa haute intelligence. Il est vrai que la loi de 1791 ne saurait nous être applicable : nous pouvons seulement invoquer la pensée patriotiques qui avait présidé à sa rédaction.

Après ce débat important et inévitable sur le nom de la loi qu'il faut maintenant à la France, se présente nécessairement cette imposante question. Le vœu national une fois connu, de qui tiendrons-nous la loi sur la régence ? On peut répondre sur le champ : de personne, si l'on cherche dans nos pouvoirs existants, où est la compétence.

Les éléments de la question sur la régence se trouvent exactement représentés sous la forme symbolique d'un triangle, en donnant un nom distinct aux trois côtés qui le composent; nous désignerons chacun d'eux ainsi qu'il suit :

Premier côté : Nature de loi à adopter.

Deuxième côté : Nature du pouvoir délibérant qui doit la donner.

Troisième côté : Nature des moyens à employer pour créer un pouvoir délibérant et exécutif.

Les choses relatives au premier côté du triangle se trouvant résolues, c'est sur le second côté qu'il faut chercher le terrain de la discussion. En d'autres termes, la chambre a-t-elle le droit de faire une loi sur la régence? *Le Censeur de Lyon* a répondu d'une manière si péremptoire à cette question, que nous préférons son texte à celui de tous les autres sur la même matière. Nous citons :

« Qu'on ne s'y trompe pas, c'est un nouveau roi qu'on
« va élire, c'est une portion de souveraineté qu'on va con-
« férer.

« Les députés élus en 1842 n'ont pas plus que ceux
« élus en 1829, été investis du pouvoir de toucher à la
« constitution ; qu'on argumente tant qu'on voudra sur ce
« point, on ne changera rien à la nature des choses. Leurs
« mandataires leur ont confié le pouvoir de faire des lois,
« mais ils n'ont pas songé à les investir du soin de faire
« de graves additions à la constitution.

« Si la mort du duc d'Orléans eût précédé les élections,
« qui doute un instant que la question de la régence, po-
« sée devant le corps électoral, n'eût modifié gravement
« ses déterminations? A l'époque où il fut question de vo-
« ter la loi relative à l'hérédité de la pairie, qui était

« moins grave que celle de régence assurément, la France
« entière s'émeut ; la presse prit une activité nouvelle et
« agit avec tant de vigueur sur le corps électoral, qu'il se
« déclara avec la nation pour l'abolition de l'hérédité.
« Dans les circonstances où nous sommes, qui sait quelle
« aurait été l'influence de la presse et de l'opinion sur le
« corps électoral ? Dans le cas où l'évènement aurait pré-
« cédé les élections, on ne peut pas contester que les dé-
« putés n'eussent reçu de leurs mandataires des instruc-
« tions précises, et formelles quant à la régence. Ces
« instructions leur manquent, et leurs mandats se trou-
« vent par ce fait irréguliers et incomplets.

« Pour toucher ainsi à la souveraineté qui réside dans
« la nation, la chambre actuelle a-t-elle pouvoir suffisant ?
« Nous ne le pensons pas ; elle ne pourra agir qu'en dé-
« plaçant le principe reconnu dans la charte même, et en
« l'absorbant à son profit, comme l'a fait la Chambre des
« députés en 1830. Nous avons vu, par expérience, à com-
« bien d'inconvénients cette mesure a donné naissance ;
« tâchons donc d'empêcher qu'une mesure semblable
« n'en engendre de plus grands encore.

« Les idées de réforme ont jeté de profondes racines
« dans la nation ; c'est vers ces idées, ainsi que nous l'a-
« vons déjà dit, qu'on doit retourner pour mettre obstacle
« aux dissensions. C'est par une loi de réforme électorale
« que la chambre devrait ouvrir ses travaux, et non par
« une loi de régence. De cette manière, l'assemblée qui
« serait élue pour décider cette grave question, aurait en
« même temps une origine légale, un mandat national,
« et, par conséquent, elle pourrait, sans ébranlement,
« nous replacer dans les conditions que nous croyons
« seules capables de donner de la stabilité à nos institu-
« tions. »

Nous ne pensons pas qu'on puisse répondre d'une manière victorieuse à ce qui vient d'être rapporté ; cela est tellement démontré, que les plus savants contradicteurs du principe ci-dessus énoncé, n'ont pu employer dans leur réfutation, que les misérables ressources de l'argutie et du sophisme. Voici le calque fidèle de leur dialectique.

Quel est donc ce pouvoir constituant qui serait en permanence au dessus des pouvoirs constitués? On ne le trouve nulle part dans nos institutions. Il n'y a pas d'autre pouvoir constituant que celui déterminé dans la constitution même. Suppose-t-on qu'il soit dans le corps électoral? mais celui-ci émane de la constitution, dès lors il ne possède rien en dehors du pouvoir qu'il en a reçu. Ce pouvoir, dont on parle, serait-il dans la nation? Ce serait alors placer le principe de tous les droits politiques dans la force brutale.

Telle est la logique de ceux qui soutiennent la compétence de la chambre. Nous avons reproduit leurs plus puissantes allégations, sans chercher même à en atténuer la valeur en enlevant aux mots leur énergie.

Or, il y a ici absurdité, mauvaise foi et insulte à défaut d'autres ressources. D'abord l'absurdité se révèle d'elle-même. Quel est donc, disent les souteneurs de la Chambre, ce pouvoir qui n'existe nulle part dans nos institutions ? Mais c'est précisément parce qu'il n'existe pas, qu'il faut le créer, et l'occasion est assez solennelle pour avoir le droit d'y songer.

Il n'y a pas, dites-vous, d'autre pouvoir constituant que celui déterminé par la constitution. Oui, sans doute, pour les choses prévues. Mais quand à la place du texte le plus essentiel à l'existence morale du pays se trouve le silence du législateur, on ne peut revendiquer pour la Chambre une faculté que personne n'a pu lui accorder.

Le pouvoir constituant n'est pas dans le corps électoral. Nous le savons bien, et c'est une puérilité de le rappeler au moment d'en appeler à la nation pour créer ce pouvoir. Alors, avez-vous dit, ce serait placer le principe de tous les droits politiques dans la force brutale !... Voilà l'insulte dont nous parlions. La nation est donc ainsi définie ! C'est la force brutale ! Quel nom portez-vous donc, vous qui n'êtes pas de la nation ? Est-ce que la régence doit s'exercer sur un être de raison ? Car nous cherchons en vain la nation dans cette force brutale que vous lui substituez, mais poursuivons :

Mais afin qu'on ne se méprenne pas sur le sens de nos paroles, nous les précisons en développant notre pensée. Ce que nous défendons, c'est surtout un principe logique. Les droits démocratiques peuvent être soutenus au nom de la nation, non représentée par la passion des partis. La voix d'un citoyen loyalement patriote n'est pas celle d'un démagogue : nous avons à cœur de le dire hautement et d'en laisser le souvenir à nos lecteurs.

Avant d'aller plus loin, il est indispensable de faire voir l'immense importance que doit avoir une loi sur la régence. Il suffira pour cela d'indiquer les principaux éléments sur lesquels elle repose. Cette loi devra donc résoudre les questions les plus complexes.

1° L'âge de la majorité du roi, les règles qui présideraient à l'institution de la régence, en cas de démence ou d'absence de la personne royale ;

2° A qui appartiendrait le droit de déférer la régence, et lorsqu'elle serait constituée par une loi générale, quelle personne cette loi appellerait-elle ?

3° Quelles conditions de capacité devront être remplies par le régent, appelé par l'institution chargée de le désigner ?

4° Quelles seront les fonctions, l'étendue et la durée de ses pouvoirs ?

5° De quelles prérogatives la loi l'investira-t-elle ?

6° La tutelle et la régence seront-elles confondues ? A qui la garde du roi sera-t-elle conférée ?

7° Comment procèdera-t-on, en cas d'absence du tuteur ou du roi mineur, au moment de la vacance du trône, et sur le gouvernement intermédiaire ?

8° Si le régent est d'une autre religion que celle de l'Etat, dans quelle position cela le placera-t-il ?

A ces questions d'une haute gravité se joignent d'autres questions incidentes également d'une importante considération. Les voici :

1° Quelle position sera faite au régent ou à la régente ?

2° Quel sera l'apanage du comte de Paris, dit prince royal ?

3° Quel sera le douaire de madame la duchesse d'Or-léans ?

On a déjà fait observer que ces trois dernières questions ramèneraient la discussion sur la liste civile, le domaine de la couronne et le domaine privé, l'acte de partage et la succession du prince de Condé.

Nous sommes arrivés au troisième côté de ce triangle, qui a servi à matérialiser notre pensée. Quelle est, avons-nous dit, la nature des moyens à employer pour créer un pouvoir délibérant et exécutif ?

Ici se présentent deux moyens fort opposés : les uns veulent consulter la nation, en lui attribuant une souveraineté absolue ; dès lors la constitution est déchirée ; les *comices* sont assemblés sur la place publique, et vont décider sur les lois de l'empire.

Ceux qui n'entendent pas ainsi l'appel à faire au peuple supposent une modification à faire dans nos institutions, à l'aide de laquelle la nation intervient, mais par fractions, non comme aujourd'hui, mais dans des vues plus larges du système représentatif.

Nous ferons voir à la fin de cet écrit que nous nous mettons dans les rangs de ces derniers. Lorsqu'on propose une loi qui touche aux destinées de l'État, ce qu'on demande n'est pas précisément si, dans l'assemblée du peuple, tous approuvent ou rejettent la proposition mise en avant ; mais si elle est conforme ou non à la *volonté générale*. En effet, le caractère de la volonté générale est dans la pluralité, et lorsqu'il est démontré qu'on a employé un moyen *réel* pour l'obtenir, personne ne peut protester contre toute décision, quelle qu'elle soit.

Quant à nous, poursuivant l'examen de la grande question dont nous nous occupons ici, nous ferons voir que nous revendiquons hautement notre indépendance ; la plus odieuse de toutes les servitudes se trouve toujours dans l'inflexible intolérance des factions : ainsi, malheur à qui leur appartient, lorsque la devise du cœur est loyauté et patrie.

Si l'on feignait de croire que la Chambre est vraiment compétente, en vertu de l'espèce d'omnipotence qu'on lui attribuerait, ce serait peut-être, ainsi que nous l'avons entendu dire, en la comparant au parlement anglais.

Or, quelque grossière que soit une pareille erreur, il est bon d'y répondre.

Le gouvernement représentatif en Angleterre est une mystérieuse combinaison, de laquelle il résulte que le parlement, ce n'est pas la chambre des communes ; ce ne sont pas les deux chambres seules, c'est le souverain et les deux chambres réunies. On voit par là qu'il n'y a pas de définition possible qui puisse s'adapter à un pareil amalgame. Cette espèce de *psychéisme* fait de la constitution anglaise une véritable pagode, d'autant plus vénérée qu'elle est monstrueuse.

Il en est autrement en France. La logique s'est infiltrée partout. Nous sommes devenus un peuple essentiellement raisonneur; et s'agit-il d'une charte, il faut qu'elle passe au crible de l'analyse, et qu'elle y laisse à découvert le plus petit monosyllabe qui ne serait pas à sa place.

Ainsi la souveraineté du peuple ne se trouve pas sans doute en tête de la charte sous forme de simple protocole, à moins que l'on ne prétende que ce soit une fleur de rhétorique placée là à propos pour adoucir la sévérité du sujet.

Ce que nous avons dit jusqu'ici n'est que le compte rendu des débats publics relativement à la régence. Nous avons fait ressortir les points principaux sur lesquels les discussions s'exercent en ce moment.

Les lois et coutumes de l'ancienne monarchie ne pouvant être invoquées, il faut donc une loi nouvelle. Celle-ci sera-t-elle provisoire ou organique : voilà ce qui divise à peu près également toutes les opinions. Enfin quel sera le pouvoir constituant de qui le pays acceptera la loi ; c'est à cette heure que nos propres idées vont prendre la place de la partie purement historique de cet écrit.

Nous avons évité jusqu'à présent d'entrer dans aucune discussion particulière sur les différents points d'une question aussi éminemment complexe que celle de la régence. Nous devions garder cette réserve.

D'abord nous n'entendons point parler *ex professo* du droit public. Une loi concernant la régence a d'étroites connexions avec toutes celles qui régissent l'Etat; en un mot, il s'agit là de l'universalité de la science législative. Or, il ne nous appartient pas de nous ériger en législateur.

Mais lorsqu'il ne s'agit plus que du droit appartenant à tout citoyen, lorsque ce droit est en même temps l'accomplissement d'un devoir, alors chacun peut élever la voix. D'ailleurs dans un moment solennel qui réclame le concours de tous les citoyens, on doit considérer les hommes ainsi réunis comme un seul corps. Il ne doit y avoir alors qu'une seule volonté, qui se rapporte à la commune conservation et au bien-être général. Tout esprit de parti, toutes les passions particulières doivent s'anéantir, au moment où il ne saurait y avoir d'intérêts contradictoires.

Nous apportons tous à la patrie l'offrande de notre vote particulier. La réunion des citoyens n'est alors que le grand conseil de famille assemblé pour recueillir les avis les plus salutaires.

Cet avis, ou plutôt cette pensée intime de la conscience irréprochable, doit être suffisamment motivée, puisque chaque citoyen est obligé de prendre l'initiative sur des matières pour lesquelles l'intelligence de son jugement sera son seul guide.

Après tout, on ne doit en pareil cas se prononcer que sur des choses sommaires. C'est le rôle du juré qui prononce sur un fait, complètement entouré de formes judiciaires qu'il ignore cependant. On ne nous accusera donc pas d'émettre une proposition opposée à celle que nous formulions tout à l'heure, en déclarant notre incompétence absolue pour les questions de droit public.

Comment se fait-il que la discussion générale offre le spectacle étrange que nous lui voyons? Rien ne saurait exprimer la nature du conflit, où toutes les opinions viennent se heurter et se briser ! Tout ce qui s'est dit jusqu'à présent, n'aboutit qu'à ce résultat désespérant qui vient montrer de tous côtés d'innombrables et d'insurmontables obstacles ! C'est à qui entassera déductions sur déductions. Et ce qui est inoui, personne ne songe à donner le premier avis sur la chose qui doit faire cesser toutes les disputes. Or, comme cette chose est encore à naître, il s'ensuit que cet effrayant et aboutissant parlage s'exerce dans le vide !

Vous n'avez pas de loi sur la régence, et vous argumentez incommensurablement sur les lois de régence qui ne peuvent servir.

Parce que ces lois ne peuvent servir, vous en prenez un à un tous les articles ; vous vous imposez la stérile torture des discussions ardues ; pour toute satisfaction vous revenez au même point, après un chemin immense, et vous répétez comme hier, comme avant hier, comme le premier jour : décidément nous n'avons pas de loi sur la régence !

Qu'attendez-vous donc pour en faire une ? Est-ce parce que vous ignorez vraiment à qui vous devez la demander ? Alors il faut avoir égard à votre ignorance ou à votre naïveté : le nom de la nation peut vous donner des idées; quant à nous, voici les nôtres :

Nous croyons que les intérêts de la nation et ceux de la dynastie régnante peuvent inspirer des moyens de conciliation qu'il n'est pas impossible de trouver. Nous savons que cela sera nié d'avance par ceux qui semblent avoir fait vœu d'éternelle opposition.

Nous savons encore que tout se lie étroitement dans les principes organiques d'un gouvernement. Les hommes passés maîtres dans l'art de démontrer le pour et le contre, nous auraient bientôt fait voir qu'on ne saurait toucher à un seul rouage de la machine gouvernementale sans l'arrêter à jamais. On n'ignore pas ce que certaines sciences peuvent posséder en théorie, d'inépuisables subtilités. Comme on ne peut absolument revenir à des discussions sans issue, et qu'il y aurait de la démence à remonter à la naissance d'un homme, au moment de se sauver d'un coup mortel, nous disons qu'il faut d'abord panser la blessure ; c'est à dire en appeler à la nation, et regarder comme une pensée heureuse de ne pas chercher à se passer d'elle.

On parle sans cesse d'anarchie ; c'est le cri retentissant de tous les partis, au moment où ils craignent ou désespèrent de succomber dans leurs desseins. Quelle anarchie est donc possible, lorsque la volonté générale agit, et comment donc pourrait-on en appeler de la nation à la nation ?

Une loi rendue par un pouvoir constituant, qui ne serait autre chose que la nation elle-même, possèderait autant de perfection qu'il est donné aux choses humaines d'en avoir.

.. Eh ! qu'y a-t-il donc de blâmable à chercher les moyens de faire une loi qui devienne entre la royauté et le peuple, un véritable pacte fédératif ?

Nous nous sommes expliqué assez clairement, pour démontrer que nous n'entendons pas revivifier nos institutions, en les traitant comme les corps épuisés dans lesquels on fait passer un sang nouveau. Les révolutions sont pour les corps politiques le seul moyen de transfusion dont nous parlons ; or, nous rejetons ce remède terrible qui sauve parfois, et porte souvent la mort avec lui, précédée d'effroyables désordres !

Nous allons essayer de faire voir que l'on peut consulter le peuple, sans rêver pour cela un de ces changements qui soit le cri de ralliement de tous les anarchistes.

Afin d'aller au devant de toutes les clameurs, nous énonçons cette proposition :

Toute assemblée du peuple qui n'aura pas été convoquée par les magistrats préposés à cet effet, et selon des formes prescrites, doit être regardée comme illégitime, et tout ce qui s'y fait pour nul, parce que l'ordre même de s'assembler doit émaner d'une loi.

Maintenant voyons comment on pourrait allier le genre de représentation nationale, telle que nous l'entendons, avec notre constitution.

Veut-on avoir dans toute son universalité, le vote de tous les citoyens, un moyen fort simple se présente : Chacun irait donner à sa mairie une réponse explicite sur la Loi de Régence, formulée par le *oui*, ou le *non*. Ces questions préalablement inscrites sur le registre destiné à recueillir les votes, deviendraient les éléments d'un scrutin, dont le dépouillement ferait connaître l'opinion réelle du pays.

On pourrait modifier cette idée en attribuant momentanément le droit d'électeur votant pour ou contre les questions de la régence, seulement à tout citoyen faisant partie de la garde nationale, ou faisant partie du juri.

On voit que par ce moyen, on en appellerait aux capacités, dont la loi actuelle a si étrangement limité l'extension. Nous n'indiquons pas à dessein, quelles sont les formes de législation à employer pour sanctionner de pareils moyens. Le point essentiel est que ces moyens soient reconnus praticables.

La Régence est peut-être grosse d'orages pour l'avenir. Nous voudrions paralyser à jamais ces passions de partis, si ardentes, si ingénieuses, pour savoir comment on arrive à l'abolition des lois irréprochables en apparence.

N'est-il pas bon de chercher à rendre impossible toute revendication exercée au nom du peuple ; s'il a signé le contrat où les plus importantes garanties de son repos se trouvent stipulées, quelle révolution est possible alors sans le peuple, ou nonobstant le peuple ?

Le régent sera-t-il temporaire? Oui. On va voir que nous écartons toutes les questions de personnes, en ce sens que pour nous le régent est un être abstrait!

Le régent peut être indifféremment, le plus proche parent du roi mineur, ou sa mère, ou un grand fonctionnaire de l'état, ou enfin un citoyen réunissant certaines conditions déterminées.

Y aura-t-il un conseil de régence? Oui.

La tutelle sera-t-elle séparée de la régence? Oui.

On nous permettra de ne pas aller au delà. Nous nous verrions engagé de nouveau dans les discussions que nous nous sommes interdites et que nous défendent d'ailleurs les bornes de cet écrit.

Mais en demandant si le régent serait temporaire, nous n'avons pas posé cette question sans y avoir longtemps et sérieusement réfléchi. Nous allons indiquer les motifs de notre détermination.

Avant toutes choses, il faut nous hâter de dire que l'élection du régent serait renouvelée *tous les trois ans*. Il y a encore ici une source intarissable de récriminations; mais nous pouvons assurer que de toutes les objections possibles, il y en a plus de spécieuses que de réelles. Au nombre des répliques que nous pourrions adresser à nos antagonistes, nous nous contenterons de leur citer l'élection du président des États-Unis, la réélection des syndics de Genève, et celles de beaucoup d'autres cantons helvétiques. Quelle que soit la différence entre les gouvernements, on accordera au moins qu'on puisse invoquer ces exemples comme analogie.

Le système d'élection est le seul qui convienne pour la nomination d'un régent. Cette thèse a été soutenue en 1791, par l'abbé *Maury* et *Pétion* en particulier. Dans notre hypothèse d'une régence réélue tous les trois ans, la presque totalité des questions soulevées par Maury, Pétion, et plusieurs autres, se trouvent affirmativement résolues. Ils voulaient, en effet, aller au devant de tous les dangers qu'ils regardaient attachés au principe de la régence.

Nous ne pouvons mieux exprimer notre pensée sur ce sujet qu'en empruntant le texte de quelques orateurs de la Constituante. Il faudra seulement tenir compte des différences qui existent entre une régence à temps et une régence à vie; ensuite *Maury, Pétion, Mirabeau, Barnave*, entendaient que la régence serait exercée par le plus proche parent du roi. D'ailleurs leurs opinions sur le principe et la nature de la régence, sont conformes aux nôtres; c'est pour cela que nous citons :

Mirabeau :

« Veut-on consulter le passé? Notre histoire future sera
« certainement moins orageuse que celle de notre an-
« cienne monarchie, où tous les pouvoirs étaient confon-
« dus. Cependant, plusieurs circonstances semblables
« peuvent se reproduire. Or, dans combien de cas n'au-
« rait-il pas été dangéreux que le parent le plus proche
« de la couronne eût été régent? Quand on n'examine pas
« cette question de fort près, on est d'abord frappé de cette
« idée : puisque le parent le plus proche pourrait être roi,
« pourquoi ne serait-il pas régent? Mais voici, entre ces
« deux cas, une différence très sensible : un roi n'a d'au-
« tres rapports qu'avec le peuple, et c'est par ces rap-
« ports seulement qu'il doit être jugé; un régent, au con-
« traire, quoiqu'il ne soit pas chargé de la garde du roi
« mineur, a mille rapports avec lui, et il peut être son en-
« nemi, il peut avoir été celui de son père. On a dit qu'un
« régent, soutenu de la faveur populaire qui l'aurait choisi,
« pourrait détrôner le roi. Prenez garde que cette objec-

« tion ne soit encore plus forte contre le parent le plus
« proche. Le premier ne pourrait réussir qu'en changeant
« la forme du gouvernement; il aurait contre lui la saine
« partie de la nation et tous les autres membres de la fa-
« mille royale. Le second, au contraire, pour régner,
« même en vertu de la loi, n'aurait qu'un crime obscur à
« faire commettre, et n'aurait plus à craindre de concur-
« rence. Qu'importe que la garde du roi ne lui soit pas
« confiée? a-t-il plus d'un pas à franchir? »

Plus loin il ajoute :

« Le système des élections est donc très convenable,
« Messieurs, et même très plausible, très favorable, avec
« quelque légèreté qu'on l'ait traité dans un premier
« aperçu... Eh ! pourquoi transporterait-on dans une in-
« stitution qui n'entraînerait pas les inconvénients avoués
« des élections, les inconvénients incontestables de l'hé-
« rédité ? »

Nous regarderions comme une superfétation d'avoir
recours à d'autres citations du même genre, pour justifier
ce que nous avons proposé relativement à la réélection
triennal du régent.

Maintenant notre tâche est accomplie. Nous n'avons pas
la prétention d'avoir tout dit sur le sujet qui nous a occupé.

Mais que chacun apporte au grand conseil de famille
sa pensée d'honnête homme et ses inspirations patriotiques. Alors la lumière resplendira au milieu de ceux qui
sont à la veille de préparer les destinées de la France et
celles de son pupille.

Les lois dictées d'après la pensée unanime de tous les
citoyens seront nécessairement de bonnes lois : elles
porteront bonheur à notre avenir.

Imprimerie de F. Locquin, 16 rue N.-D. des Victoires.